J.-F. Mallet

SIMPLISSIME

DAS EINFACHSTE KOCHBUCH DER WELT

SUPPEN

RICHTIG GUT KOCHEN
MIT MAXIMAL **6 ZUTATEN**

EMF

EIN BUCH DER
EDITION MICHAEL FISCHER

GEBRAUCHSANWEISUNG

Für die Rezepte in diesem Buch gehe ich davon aus, dass Sie Folgendes im Haus haben:

- fließendes Wasser
- einen Herd
- einen Kühlschrank
- einen Kochtopf
- einen gusseisernen Schmortopf
- ein scharfes Messer
- Salz und Pfeffer
- Speiseöl

(Falls nicht, wäre das jetzt vielleicht der richtige Moment zur Anschaffung.)

Alle Rezepte diesem Buch sind ganz einfach zuzubereiten – ohne großen technischen Aufwand, mit drei bis sechs leicht erhältlichen Zutaten, kurzen Zubereitungszeiten und wenig bis gar keinem Zubehör. Für dieses Buch brauchen Sie einen Standmixer (amerik. „Blender"), aber vor allem einen Stabmixer. Auch Zauberstab oder Pürierstab genannt, wird er zu Ihrem wichtigsten Verbündeten bei der Zubereitung der vorgestellten Suppen. Er ist praktisch, nicht teuer, platzsparend, und noch dazu brauchen Sie wenig Geschirr, da Sie ihn direkt in dem Topf benutzen, in dem Sie auch gekocht haben. Zögern Sie übrigens nicht, die Flüssigkeitsmenge Ihrem Geschmack anzupassen. Der eine mag seine Suppe gern sämig, der andere lieber flüssig.

Welche Grundzutaten sind unverzichtbar?

- **Gemüse:** Geben Sie frischem Gemüse der Saison den Vorzug. Sollten Sie mitten im November Lust auf Erbsensuppe verspüren, zögern Sie nicht und greifen Sie zu Tiefkühlware.
- **Konserven:** Für die Rezepte in diesem Buch braucht man sie fast gar nicht. Trotzdem ist es praktisch, Kokosmilch, Tapenade, Krabbenfleisch, Kichererbsen und weiße Bohnen für den Notfall griffbereit im Küchenschrank zu haben.
- **Kräuter:** Frische Kräuter sind unvergleichlich, Sie sollten ihnen immer den Vorzug geben! Falls Sie einmal keine zur Hand haben, können Sie zur Not auch die tiefgekühlte oder getrocknete Variante nehmen (meist aber weniger aromatisch).
- **Speiseöle:** Olivenöl – natives Olivenöl extra ist das beste – Haselnussöl, Sesamöl, Walnussöl, Trüffelöl, Traubenkernöl und Sonnenblumenöl.
- **Gewürze und Würzzutaten:** Der Grundgeschmack lässt sich schnell mit Brühwürfeln, Currypulver, Pesto, Kümmel und Sojasauce herstellen.

Nun bleibt mir nur noch, Ihnen wunderbare Momente in der Küche zu wünschen.

INHALTSVERZEICHNIS

PESTO-SUPPE

Zucchini
x 4

Hörnchennudeln
50 g

grüne Erbsen
150 g (frisch; TK)

Basilikum
1 Bund

Kirschtomaten
x 25

Pesto
4 EL

Salz, Pfeffer

Zubereitung: 5 Min.
Garzeit: 22 Min.

- Die **Zucchini** waschen und in kleine Stücke schneiden. Mit den **Erbsen** und den **Hörnchennudeln** in 1,5 l Wasser 20 Minuten kochen.
- Die halbierten **Kirschtomaten** und das **Pesto** dazugeben und 2 Minuten unter Rühren kochen lassen.
- Salzen, pfeffern und in Teller füllen. **Basilikumblätter** darübergeben und servieren.

KÜRBISCREMESUPPE MIT SESAM

Kürbis
500 g

Sesamkörner
1 EL

Sesamöl
2 EL

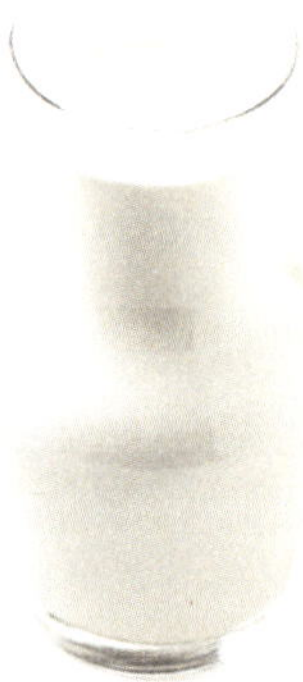

Sahne
250 ml

Salz, Pfeffer

Zubereitung: 10 Min.
Garzeit: 25 Min.

- Den in Stücke geschnittenen **Kürbis** mit der **Sahne** und 500 ml Wasser in einem Schmortopf 25 Minuten bei schwacher Hitze köcheln. Mit einem Stabmixer pürieren, salzen und pfeffern.
- In Schüsseln verteilen, mit **Sesamkörnern** bestreuen und das **Sesamöl** darübergeben.

PAPRIKA-OLIVEN-SUPPE

rote Paprikaschoten
x 3

Grissini
x 4

Tomaten
x 4

getrockneter Oregano
1 EL

Tapenade
4 EL

Knoblauch
6 Zehen

Salz, Pfeffer

Zubereitung: 10 Min.
Garzeit: 35 Min.

• **Knoblauchzehen** schälen. **Paprikaschoten** von den Kernen befreien und in Stücke schneiden.

• Die geschnittenen **Tomaten** mit den **Paprikaschoten**, **Oregano** und **Knoblauch** 35 Minuten bei schwacher Hitze in einem Schmortopf mit 1 l Wasser kochen. Pürieren, salzen und pfeffern.

• In tiefe Teller gießen. **Tapenade** auf die Teller verteilen und mit zerkrümelten **Grissini** servieren.

KICHERERBSENSUPPE

Kümmel
2 EL

gelbe Paprikaschoten
x 2

Kichererbsen
265 g (abgetropft)

gefüllte Weinblätter
x 8

Salz, Pfeffer

Zubereitung: 5 Min.
Garzeit: 30 Min.

- Die **Paprikaschoten** von den Kernen befreien und in Stücke schneiden. Mit den **Kichererbsen** und dem **Kümmel** 30 Minuten in einem Schmortopf mit 1 l Wasser bei schwacher Hitze kochen.
- Mit dem Stabmixer pürieren, salzen, pfeffern und mit den in Stücke geschnittenen **Weinblättern** servieren.

MINESTRONE MIT RAVIOLI

Möhren
200 g

Ravioli
240 g (Frischkäse/Kräuter)

Erbsen
200 g (frisch; TK)

Knollensellerie
200 g

getrockneter Oregano
2 EL

Salz, Pfeffer

1 Schuss Olivenöl

Zubereitung: 15 Min.
Garzeit: 22 Min.

- **Möhren** und **Sellerie** schälen und in kleine Würfel schneiden. 20 Minuten in 2 l Wasser mit dem **Oregano** bei schwacher Hitze köcheln lassen.
- **Erbsen** und **Ravioli** dazugeben, den Herd abschalten und 2 Minuten ziehen lassen. Salzen, pfeffern und mit 1 Schuss Olivenöl servieren.

KRÄUTERBRÜHE MIT TORTELLINI

gemischte Kräuter
4 Bund

Geflügelbrühe
3 Brühwürfel

Rosmarin
4 Zweige

Tortellini
300 g (Ricotta/Spinat)

Salz, Pfeffer

Zubereitung: 5 Min.
Garzeit: 14 Min.

- Die **Geflügelbrühwürfel** in 1,5 l Wasser legen, den **Rosmarin** hinzufügen und 10 Minuten bei schwacher Hitze köcheln lassen. Die **Tortellini** dazugeben und weitere 4 Minuten köcheln lassen.
- Den Herd abschalten, die klein geschnittenen **Kräuter** hinzugeben, dann die Brühe und die **Tortellini** in Schalen verteilen.

BOHNENCREMESUPPE MIT WEICHKÄSE

dicke Bohnen
450 g (gepalt u. TK)

flüssige Sahne
500 ml

getrockneter Thymian
1 EL

Weichkäse (Kuhmilch)
x 1

Salz, Pfeffer

1 Schuss Olivenöl

Zubereitung: 5 Min.
Garzeit: 25 Min.

- Die **Bohnen** mit der **Sahne** und dem **Thymian** in 800 ml Wasser 25 Minuten bei schwacher Hitze in einem Schmortopf kochen.
- ¾ vom **Weichkäs**e dazugeben, mit einem Stabmixer pürieren. Salzen, pfeffern und in tiefe Tellern verteilen. Den übrigen **Weichkäse** in Stücken dazugeben und mit 1 Schuss Olivenöl servieren.

GRATINIERTE ZWIEBELSUPPE

Geflügelbrühe
1 l

Butter
20 g

Olivenöl
4 EL

milde Zwiebeln
x 4

Baguette
20 Scheiben

geriebener Käse
120 g

Salz, Pfeffer

Zubereitung: 10 Min.
Garzeit: 50 Min.

- **Zwiebeln** schälen, in dünne Scheiben schneiden und 20 Minuten mit der **Butter** und dem **Olivenöl** in einem Schmortopf schmoren lassen. Die **Brühe** dazugeben und weitere 10 Minuten köcheln lassen. Die Suppen in vier Schüsseln verteilen.
- Den Ofen auf 200 °C vorheizen. Die **Brotscheiben** und den geriebenen **Käse** daraufgeben und 20 Minuten überbacken.

LAUCH-KARTOFFEL-CREMESUPPE

Lauch
x 1

Kartoffeln
x 2

Frischkäse
150 g (Knoblauch u. Kräuter)

Landbrot
4 Scheiben

Salz, Pfeffer

1 Schuss Olivenöl

Zubereitung: 10 Min.
Garzeit: 45 Min.

- Den in dünne Scheiben geschnittenen **Lauch** mit den geschälten und in Stücke geschnittenen **Kartoffeln** mit 1 l Wasser in einem Schmortopf 45 Minuten bei schwacher Hitze kochen lassen.
- Den Herd abschalten, ¾ des **Frischkäses** dazugeben. Pürieren, salzen und pfeffern.
- Die **Brotscheiben** mit dem übrigen **Käse** gratinieren und dazu servieren.

KÜRBIS-CREME MIT BLAUSCHIMMELKÄSE

Blauschimmelkäse
250 g

flüssige Sahne
250 ml

Butternutkürbis
500 g

Haselnussöl
2 EL

Landbrot
2 Scheiben

Salz, Pfeffer

Zubereitung: 10 Min.
Garzeit: 30 Min.

- Den zerkleinerten **Butternutkürbis** mit der **Sahne** und 500 ml Wasser in einem Schmortopf bei schwacher Hitze aufkochen.
- Mit einem Stabmixer pürieren, salzen, pfeffern.
- Den in Stücke geschnittenen **Käse** auf den halbierten **Brotscheiben** verteilen und 5 Minuten bei 180 °C im Backofen überbacken.
- Auf tiefe Teller mit jeweils 1 Schuss **Haselnussöl** und einer **Brotscheibenhälfte** servieren.

SELLERIECREMESUPPE MIT PARMESAN

Knollensellerie
500 g

roher Schinken
4 Scheiben

Kartoffeln
100 g

Landbrot
4 Scheiben

flüssige Sahne
330 ml

geriebener Parmesan
80 g

Salz, Pfeffer

1 Schuss Olivenöl

Zubereitung: 15 Min.
Garzeit: 55 Min.

- **Sellerie** und **Kartoffeln** schälen, in kleine Stücke schneiden. Mit **Sahne** und 700 ml Wasser bei schwacher Hitze 45 Minuten köcheln lassen. ¾ des **Parmesans** dazugeben und pürieren.
- Backofen auf 180 °C vorheizen. **Schinken** auf **Brotscheiben** geben, übrigen **Parmesan** darüberstreuen und 10 Minuten im Ofen backen. Die Suppe mit Olivenöl und **Brotscheiben** servieren.

KOKOS-MÖHREN-CREMESUPPE

Möhren
900 g

Räucherspeck
12 dünne Scheiben

Kokosmilch
1,2 l

Salz, Pfeffer

Zubereitung: 10 Min.
Garzeit: 45 Min.

- Die in Stücke geschnittenen **Möhren** in der **Kokosmilch** und 400 ml Wasser 35 Minuten bei schwacher Hitze in einem Schmortopf köcheln lassen. Die **Möhrencreme** mit einem Stabmixer pürieren, salzen und pfeffern.
- Backofen auf 180 °C vorheizen. **Räucherspeckscheiben** ohne Fett 10 Minuten im Ofen braten. Die Cremesuppe mit dem **Speck** servieren.

CHAMPIGNON-CREMESUPPE MIT SPECK

Champignons
500 g

Speckwürfel
150 g

Geflügelbrühe
200 ml

Koriandergrün
4 Stiele

flüssige Sahne
330 ml

Sojasauce
3 EL

Pfeffer

2 EL Sonnenblumenöl

Zubereitung: 15 Min.
Garzeit: 35 Min.

- **Speck** ohne Fett in einer Pfanne anbräunen.
- Die in Stücke geschnittenen **Champignons** in einem Schmortopf mit 2 EL Sonnenblumenöl anbraten. 5 Minuten köcheln lassen, dann **Brühe**, **Sahne** und **Sojasauce** dazugießen. 30 Minuten köcheln lassen, pfeffern und pürieren. Mit **Speck** und abgezupften **Korianderblättern** servieren.

SPARGELCREMESUPPE MIT KALBFLEISCH

grüner Spargel
2 Bund

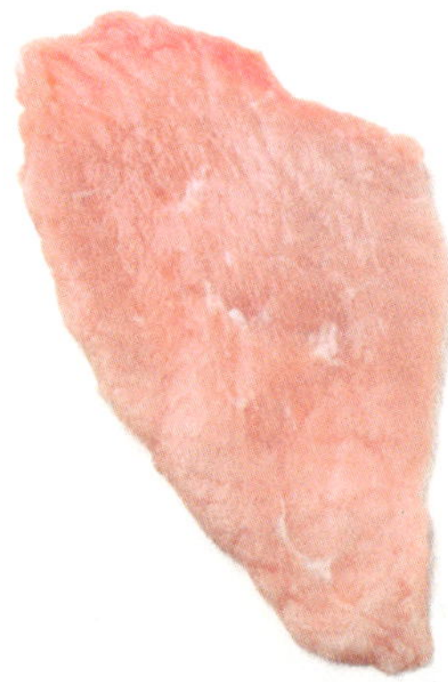

Kalbsschnitzel
x 2 (dünn)

flüssige Sahne
500 ml

Olivenöl
1 EL

Bio-Limetten
x 2

Salz, Pfeffer

Zubereitung: 15 Min.
Garzeit: 15 Min.

• **Spargel** (ohne Köpfe) in Stücken mit **Sahne** und 200 ml Wasser 10 Minuten bei schwacher Hitze kochen. Pürieren, salzen und pfeffern.

• Geschnetzeltes **Fleisch** mit **Spargelköpfen**, **Limettenabrieb** und –**saft** 5 Minuten im **Olivenöl** in einer Pfanne anbraten, salzen, pfeffern. Alles mit der Bratflüssigkeit zur Spargelcreme geben und servieren.

WEISSE-BOHNEN-SUPPE MIT ORANGE

weiße Bohnen
750 g (abgetropft)

Bio-Orangen
x 5

flüssige Sahne
750 ml

Chorizo
8 Scheiben (dünn)

Salz, Pfeffer

Zubereitung: 5 Min.
Garzeit: 18 Min.

- Den Backofen auf 180 °C vorheizen.
- Die **Bohnen** mit der **Sahne**, dem **Orangensaft** und **-zesten** 15 Minuten bei schwacher Hitze köcheln lassen. Pürieren, salzen und pfeffern.
- **Chorizoscheiben** 3 Minuten in den Ofen geben, die Suppe in tiefe Teller verteilen, die **Chorizoscheiben** und ein paar ganze **Bohnen** dazugeben und servieren.

WIRSINGSUPPE MIT MORTEAUWURST

Morteauwurst
x 1

Wirsing
500 g

Möhren
x 2

Estragon
1 Bund

Salz, Pfeffer

Zubereitung: 10 Min.
Garzeit: 45 Min.

- **Wirsing** waschen, in feine Streifen schneiden. **Möhren** schälen und in Würfel schneiden.
- Alle Zutaten, bis auf den **Estragon**, in einen Schmortopf geben. 2 l Wasser dazugeben und 45 Minuten bei schwacher Hitze köcheln lassen.
- Abgezupfte **Estragonblättchen** dazugeben, alles verrühren, salzen und pfeffern. Servieren.

LINSENCREMESUPPE MIT GÄNSELEBER

Linsen
200 g

flüssige Sahne
330 ml

Gänseleber
200 g (frisch; TK)

Salz, Pfeffer

Zubereitung: 5 Min.
Garzeit: 47 Min.

- Die **Linsen** mit der **Sahne** und 500 ml Wasser 45 Minuten in einem Schmortopf bei schwacher Hitze köcheln lassen. Mit einem Stabmixer pürieren, salzen, pfeffern und warmhalten.
- Die **Gänseleber** in Stücke schneiden und 2 Minuten in einer Pfanne ohne Fett anbraten.
- Die Linsencremesuppe in tiefe Teller verteilen, die **Gänseleber** dazugeben und servieren.

WÜRZIGE ERBSENCREMESUPPE

Erbsen
600 g (frisch; TK)

Kokosmilch
800 ml

Merguez
x 4

Estragon
4 Zweige

Salz, Pfeffer

1 Schuss Olivenöl

Zubereitung: 10 Min.
Garzeit: 30 Min.

- Backofen auf 180 °C vorheizen. Die Haut von den **Merguez** abziehen und aus dem Wurstbrät kleine Bällchen formen. Diese 5 Minuten in den Ofen geben.
- **Erbsen** in der **Kokosmilch** 25 Minuten bei schwacher Hitze köcheln lassen. Salzen, pfeffern und pürieren.
- Suppe und **Bällchen** auf tiefe Teller verteilen. Mit **Estragon** und 1 Schuss Olivenöl servieren.

WIRSING-BROKKOLI-CHORIZO-EINTOPF

Wirsing
500 g

Brokkoli
300 g

Chorizo
x 1

Salz, Pfeffer

Zubereitung: 5 Min.
Garzeit: 45 Min.

- Den **Wirsing** waschen und grob zerteilen. Die **Chorizo** in dicke Scheiben schneiden.
- Den **Kohl** und die **Chorizo** 35 Minuten in einem Schmortopf in 2 l Wasser bei schwacher Hitze köcheln lassen. Den in Röschen zerteilten **Brokkoli** dazugeben und weitere 10 Minuten köcheln lassen. Salzen, pfeffern und servieren.

ASIATISCHE HÜHNERBRÜHE

Thai-Basilikum
2 Bund

Geflügelbrühe
3 Brühwürfel

Zitronengras
2 Stängel

Sternanis
x 6

Spaghetti
150 g

Hähnchenbrustfilets
x 2

Salz, Pfeffer

Zubereitung: 10 Min.
Garzeit: 22 Min.

- **Brühwürfel**, **Sternanis** und fein geschnittenes **Zitronengras** mit 2 l Wasser in einem Topf bei schwacher Hitze 12 Minuten köcheln lassen.
- 10 Minuten vor dem Servieren das klein geschnittene **Hähnchenfleisch** und die halbierten **Spaghetti** dazugeben. Weitere 10 Minuten köcheln lassen. **Basilikumblätter** dazugeben, salzen, pfeffern und servieren.

SCHNELLE VIETNAMESISCHE PHO

Limette
x 1

Sternanis
x 5

Rindercarpaccio
400 g (ca. 4 Portionen)

Spaghetti
150 g

Koriandergrün
2 Bund

Rinderbrühe
3 Brühwürfel

Salz, Pfeffer

Zubereitung: 10 Min.
Garzeit: 25 Min.

- **Brühwürfel**, **Sternanis** und fein geschnittenes **Zitronengras** mit 2 l Wasser in einem Topf bei schwacher Hitze 15 Minuten köcheln lassen.
- Ziehen lassen, wieder aufkochen, halbierte **Spaghetti** hineingeben und 10 Minuten bei schwacher Hitze kochen. Vom Herd nehmen, **Carpaccio** und **Koriander** dazugeben und mit **Limettensaft** servieren.

FRÜHLINGSROLLEN-BRÜHE MIT GARNELEN

Geflügelbrühe
3 Brühwürfel

Garnelen
x 16 (gegart u. ausgelöst)

frischer Spinat
200 g

Zitronengras
2 Stängel

Frühlingsröllchen
x 4

Zubereitung: 10 Min.
Garzeit: 25 Min.
Ziehzeit: 15 Min.

- **Brühwürfel** und das fein geschnittene **Zitronengras** mit 2 l Wasser in einen Topf geben. Bei schwacher Hitze 15 Minuten köcheln lassen. 15 Minuten ziehen lassen. **Garnelen** dazugeben und 10 Minuten kochen lassen.
- **Frühlingsrollen** in den 180 °C warmen Backofen geben und warmhalten. **Spinat** und die in Stücke geschnittenen **Frühlingsrollen** zur Brühe geben.

MAIRÜBENEINTOPF MIT ENTENCONFIT

Wirsing
500 g

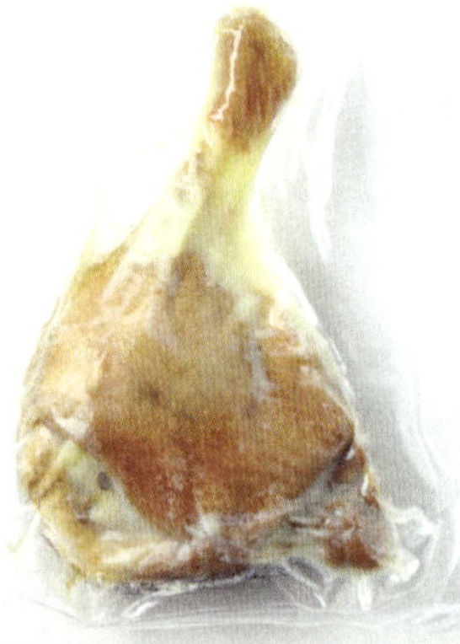

Entenschenkel-Confit
x 2

Mairüben
x 4

schwarze Oliven
x 20 (ohne Stein)

Salz, Pfeffer

Zubereitung: 10 Min.
Garzeit: 45 Min.

- **Mairüben**, **Entenschenkel** und den klein geschnittenen **Wirsing** in 2 l Wasser 45 Minuten bei schwacher Hitze in einem Schmortopf köcheln lassen.
- Herd abschalten, **Entenfleisch** von den Knochen lösen, die Haut abziehen und das Fleisch zerzupfen. In Schüsseln verteilen, **Oliven** dazugeben und verrühren. Salzen, pfeffern.

POT AU FEU MIT KALB UND GARNELEN

Kalbsragout
800 g

Koriandergrün
1 Bund

Kirschtomaten
x 12

Garnelen
x 12 (gegart u. ausgelöst)

Salz, Pfeffer

Zubereitung: 10 Min.
Garzeit: 1 Std.

- **Kalbfleisch** 1 Stunde bei schwacher Hitze mit 2 l Wasser in einem Schmortopf köcheln lassen.
- **Garnelen** schälen und in Stücke zerteilen, die **Tomaten** vierteln und das **Koriandergrün** hacken. Das gekochte **Fleisch** in Stücke schneiden. Alle Zutaten auf Schüsseln verteilen.
- Die Brühe salzen und pfeffern und um ¼ einkochen. Die kochend heiße Brühe in Schalen geben.

CHAMPIGNONBRÜHE MIT LACHS

Räucherlachs
4 Scheiben

Spaghetti
100 g

Sojasauce
4 EL

Champignons
400 g

Pfeffer

Zubereitung: 10 Min.
Garzeit: 45 Min.

- Die **Champignons** waschen, in feine Scheiben schneiden und mit der **Sojasauce** in 1,5 l Wasser 35 Minuten bei schwacher Hitze in einem Schmortopf köcheln lassen.
- Die in Stücke zerteilten **Spaghetti** dazugeben und weitere 10 Minuten kochen lassen.
- Den in Stücke geschnittenen **Lachs** dazugeben, unterrühren, pfeffern und servieren.

JAKOBSMUSCHELSUPPE IM TEIG

Jakobsmuscheln
x 12

Rote Beten
x 2 (gekocht)

Geflügelbrühe
1,5 l

Erbsen
100 g (frisch; TK)

Blätterteig
1 Rolle

grüner Spargel
x 12

Salz, Pfeffer

Zubereitung: 15 Min.
Garzeit: 35 Min.

- **Spargel** in Stücke schneiden. **Rote Beten** schälen. Alles 10 Minuten in der **Brühe** kochen, das klein geschnittene **Muschelfleisch** dazugeben und weitere 5 Minuten kochen lassen.
- Backofen auf 180 °C vorheizen. **Gemüse**, **Muschelfleisch** und **Brühe** auf vier kleine Gefäße verteilen. Je 1 Scheibe **Teig** darüberlegen und 20 Minuten im Ofen backen.

KRESSESUPPE MIT BIRNE UND GARNELEN

Brunnenkresse
1 Bund

Garnelen
x 16 (gegart u. ausgelöst)

Birnen
4 (sehr reif)

Butter
60 g

Salz, Pfeffer

Zubereitung: 10 Min.
Garzeit: 25 Min.

- Die **Garnelen** schälen und längs halbieren.
- Die **Kresseblätter** abzupfen. 5 Minuten in der **Butter** garen, dann 1 l Wasser dazugeben und 20 Minuten bei schwacher Hitze köcheln lassen. Die **Birne** schälen und in Stücke schneiden. Pürieren, salzen und pfeffern. Die **Garnelen** dazugeben und servieren.

KALTE GARNELEN-ROTE-BETE-BRÜHE

Rote Beten
x 2

Orangen
x 2 (groß)

grüner Jasmintee
200 ml (kalt)

Garnelen
x 12

Koriandergrün
1 Bund

Salz, Pfeffer

1 Schuss Olivenöl

Zubereitung: 10 Min.

- **Orangen** auspressen, den Saft filtern. Die **Rote Bete** schälen, in kleine Würfel schneiden.
- Die **Garnelen** schälen und in Stücke schneiden. Das **Koriandergrün** klein schneiden. Alle Zutaten in Schalen aufteilen, den mit dem kalten **Tee** verrührten **Orangensaft** dazugeben. Und mit 1 Schuss Olivenöl servieren.

ROTBARBENSUPPE MIT SAFRAN

Rotbarbenfilets
x 8 (TK)

Tomaten
x 6

Weißwein
200 ml

Knoblauchzehen
x 8

Basilikum
1 Bund

Safran
2 Döschen

Salz, Pfeffer

1 Schuss Olivenöl

Zubereitung: 10 Min.
Garzeit: 30 Min.

- In Stücke geschnittene **Tomate** mit **Weißwein**, **Knoblauch**, **Safran** und 200 ml Wasser 25 Minuten bei schwacher Hitze köcheln lassen. Pürieren, salzen, pfeffern. Die **Rotbarbenfilets** dazugeben und 5 Minuten kochen lassen, dann das **Fischfleisch** mit einer Gabel zerdrücken.
- **Basilikum** dazugeben, kurz ziehen lassen. Mit Olivenöl und Knoblauch-Safran-Soße servieren.

ZUCCHINI-KRABBEN-SUPPE MIT PESTO

Zucchini
x 3

Krabben
240 g

Pesto
3 EL

Basilikum
1 Bund

Salz, Pfeffer

Zubereitung: 10 Min.
Garzeit: 15 Min.

- Die in kleine Stücke geschnittenen **Zucchini** in 1 l Wasser 15 Minuten kochen lassen, dann mit einem Stabmixer pürieren.
- Das **Pesto**, die **Basilikumblätter** und das abgetropfte **Krabbenfleisch** dazugeben. Salzen, pfeffern und servieren.

BLUMENKOHL-SPINAT-CREMESUPPE

Blumenkohl
500 g

flüssige Sahne
330 ml

Spinat
200 g

Kaviar (Forelle)
2 EL

Salz, Pfeffer

1 Schuss Olivenöl

Zubereitung: 5 Min.
Garzeit: 45 Min.

- **Blumenkohl** in Stücke schneiden, mit **Sahne** und 800 ml Wasser zum Kochen bringen und 40 Minuten bei schwacher Hitze köcheln.
- **Spinat** dazugeben, weitere 5 Minuten kochen. Pürieren, salzen und pfeffern.
- In tiefen Tellern anrichten, den **Kaviar** darüber geben und mit 1 Schuss Olivenöl servieren.

HERZMUSCHEL-CREMESUPPE MIT ESTRAGON

Herzmuscheln
x 48

Weißwein
250 ml

geraspelte Möhren
200 g

Estragon
2 Bund

flüssige Sahne
660 ml

Salz, Pfeffer

Zubereitung: 5 Min.
Garzeit: 10 Min.

- Die **Muscheln** mit dem **Weißwein** in einen Schmortopf geben, 5 Minuten kochen, bis sie sich geöffnet haben. Die **Sahne** und die geraspelten **Möhren** dazugeben und weitere 5 Minuten bei schwacher Hitze köcheln lassen.
- Den Herd abschalten, die **Estragonblätter** dazugeben, salzen, pfeffern, unterrühren und in Schalen servieren.

CURRY-SPARGEL-SUPPE MIT LACHS

grüner Spargel
2 Bund

Kokosmilch
1,6 l (4 Dosen)

frischer Lachs
400 g

Currypulver
2 EL

Salz, Pfeffer

1 Schuss Olivenöl

Zubereitung: 5 Min.
Garzeit: 7 Min.

- Den **Spargel** (ohne Köpfe) in der **Kokosmilch** und dem **Currypulver** 5 Minuten kochen. Das Ganze pürieren.
- Den in Stücke geschnittenen **Lachs** und die klein geschnittenen **Spargelköpfe** dazugeben. 2 weitere Minuten kochen lassen.
- Salzen, pfeffern und mit 1 Schuss Olivenöl servieren.

KALTE ERBSENCREMESUPPE MIT KRABBEN

Basilikum
1 Bund

Eismeerkrabben
1 Dose (Krabbenfleisch)

Erbsen
400 g (frisch; TK)

flüssige Sahne
50 ml

Salz, Pfeffer

1 Schuss Olivenöl

Zubereitung: 10 Min.
Garzeit: 10 Min.

- Die **Basilikumblätter** abzupfen, waschen und trocken tupfen. Die **Erbsen** in 500 ml Wasser etwa 10 Minuten kochen. **Sahne** dazugeben, salzen, pfeffern und alles mit der Hälfte des **Basilikums** pürieren. Abkühlen lassen.
- In Tellern anrichten. Das **Krabbenfleisch**, die restlichen **Basilikumblätter** und 1 Schuss Olivenöl dazugeben.

GURKEN-MINZE-GAZPACHO

Gurke
x 1

Kirschtomaten
x 16

Eiswürfel
x 8

Olivenöl
4 EL

Minze
1 Bund

Salz, Pfeffer

1 Schuss Olivenöl

Zubereitung: 5 Min.

- Die **Gurke** in Stücke schneiden. Die **Tomaten** halbieren. Die **Minzeblättchen** abzupfen. Einige **Tomaten** und **Minzeblätter** zurückbehalten.
- Alle Zutaten pürieren. Salzen und pfeffern.
- In Teller verteilen, mit den übrigen **Tomaten** und den **Minzeblättern** dekorieren und mit 1 Schuss Olivenöl servieren.

KALTE ROTE-BETE-SUPPE MIT ZIEGENKÄSE

Rote Beten
x 4

Ziegenfrischkäse
300 g

Orangen
x 5

Minze
4 Stiele

Olivenöl
2 EL

Salz, Pfeffer

1 Schuss Olivenöl

Zubereitung: 10 Min.

- Die **Roten Beten** schälen und in Stücke schneiden. Die **Orangen** auspressen.
- Den **Orangensaft** mit der **Roten Bete**, ¾ des **Ziegenfrischkäses** und dem **Olivenöl** pürieren. Salzen und pfeffern.
- In Tellern anrichten, restlichen **Ziegenkfrischkäse** und **Minzeblätter** dazugeben und mit 1 Schuss Olivenöl servieren.

WASSERMELONEN-GAZPACHO MIT OLIVEN

Tapenade
4 EL

Wassermelone
500 g

Gurke
400 g

Olivenöl
4 EL

Basilikum
1 Bund

Salz, Pfeffer

Zubereitung: 10 Min.

• **Gurke** waschen, in kleine Stücke schneiden und mit ¾ des **Wassermelonenfruchtfleischs**, dem **Olivenöl** und ¾ der **Basilikumblätter** pürieren. Salzen und pfeffern.

• In tiefen Tellern anrichten, den übrigen **Basilikum**, das restliche, in Würfel geschnittene **Melonenfruchtfleisch** und kleine Kleckse **Tapenade** dazugeben. Mit geröstetem Brot servieren.

AVOCADO-GARNELEN-CONSOMMÉ

Garnelen
x 20 (gegart u. ausgelöst)

Avocados
x 2 (nicht zu reif)

grüner Jasmintee
350 ml (kalt)

frische Kräuter
2 Bund (gemischt)

rosa Grapefruits
x 2

Salz, Pfeffer

1 Schuss Olivenöl

Zubereitung: 10 Min.

- **Grapefruits** auspressen. Den Saft mit dem kalten **Tee** mischen. **Garnelen** schälen und in Stücke schneiden.
- **Avocado** schälen und in Würfel schneiden. **Kräuter** klein schneiden, **Garnelen** und **Avocadowürfel** in tiefe Teller geben, die Tee-Grapefruitsaft-Mischung darübergießen, salzen, pfeffern und gekühlt mit 1 Schuss Olivenöl servieren.

KALTE SPARGELCREMESUPPE MIT TARAMA

grüner Spargel
2 Bund

flüssige Sahne
500 ml

Tarama
100 g

Salz, Pfeffer

1 Schuss Olivenöl

Zubereitung: 5 Min.
Garzeit: 10 Min.
Kühlzeit: 1 Std.

- Den in Stücke geschnittenen **Spargel** (ohne Köpfe) mit der **Sahne** und 200 ml Wasser 10 Minuten bei schwacher Hitze köcheln lassen. Pürieren, salzen, pfeffern und 1 Stunde kühl stellen.
- Zum Servieren in Tassen füllen, die **Tarama** über der Spargelcremesuppe verteilen, die ungekochten und klein geschnittenen **Spargelköpfe** daraufgeben. Mit 1 Schuss Olivenöl servieren.

KALTE GARNELEN-MELONEN-SUPPE

Melone
x 1

Garnelen
x 20 (gegart u. ausgelöst)

grüner Minztee
350 ml (kalt)

rosa Grapefruit
x 2

Minze
1 Bund

Salz, Pfeffer

1 Schuss Olivenöl

Zubereitung: 10 Min.

- Die **Grapefruits** auspressen. Den Saft mit dem kalten **Tee** mischen. Die **Garnelen** schälen und in Stücke schneiden. Das **Melonenfruchtfleisch** in kleine Würfel schneiden.
- Die **Garnelen** und die **Melone** in Schalen aufteilen. Die **Minzeblätter** dazugeben. Die Tee-Grapefruit-Mischung darübergießen, salzen, pfeffern und gekühlt mit 1 Schuss **Olivenöl** servieren.

REGISTER

IMPRESSUM

Bibliografische Information der Deutschen Bibliothek.

Die Deutsche Bibliothek verzeichnet diese Publikation in der deutschen Nationalbibliografie. Detaillierte bibliografische Daten sind im Internet über http://www.dnb.de/ abrufbar.

EIN BUCH DER EDITION MICHAEL FISCHER

1. Auflage 2018

Erstveröffentlicht bei Hachette Livre (Hachette Pratique).
58, rue Jean Bleuzen-92178 Vanves Cedex

Titel der Originalausgabe: Simplissime: Soupes et Bouillons repas les + faciles du monde

Aus dem Französischen übertragen von Karin Leonhart, München

Originaltexte und Fotos: Jean-François Mallet
Covergestaltung: Sarah Wilde
Produktmanagement: Diana Jedrzejewski, Anne-Katrin Brode
Reihenlayout: Marie-Paule Jaulme
Satz: Lisa Heine

ISBN 978-3-96093-135-5

Printed in Spain

www.emf-verlag.de

PAPIER À BASE DE FIBRES CERTIFIÉES

1,1 kg q. CO_2
Rendez-vous sur www.hachette-durable.fr